神様が見える子供たち

神様に 聞いた しあわせ

Clover
クローバー出版

JN045451

魂の言葉に従うことは、

わがままとは違う――。

神様に
聞いた
しあわせ

神様が見える子供たち／著

a table of contents

Question to gods

Ｔ神様　answer

Prologue

私たちの本を見つけてくだ
さり、私たちの言葉を聞い
て頂き、私たちの想いを受
け取ってくれて本当にあり
がとうございます。

YouTube チャンネル

**神様が見える
子供たち**

私たちには、歴史や神話、
マナーやルールといった難しいことは分かりません。ただ、
子供たちが話している神様といわれる方たちの言葉を伝
えております。

私たちには分からないことや、知らないことが沢山あり
ます。それでも、楽しく幸せに過ごしていける方法をお
伝えしたり、楽しく幸せに生きる姿をお届けしたいと願っ
ております。

子供たちは、宇宙人や神様の魂を持っていると感じてい
ます。それが神話や伝説、UFOやUMAと同じなのかは
分かりません。

ただ、他の人たちと違う……、普通といわれる人たちと
違う……。
ちょっと変わった、素敵な子供たちの言葉です。

子供たちの感じる世界・見える世界・話をする世界では、魂は様々なものに宿っていて、私たちの魂も様々なものの魂が混ざって出来ています。
それは、神様や宇宙人をはじめ、天使や精霊・石・水・風・植物・人間（動物）……目に見えるものから、目に見えないもの、感じられるものから、感じられないものまで、本当にあらゆるものの魂が混ざって出来ているのです。

多くの人は、人間の魂を持っていて、普通に生活が出来ているんだと思います。そんな中に混ざってしまった、人間ではない魂を持った私たちのような方は、きっと生きにくく、苦しく、思い悩み、辛いだろうと感じます。

この本では、今生きにくさを感じていたり、今までの自分の生き方や考え方に迷いを感じていたり、一歩踏み出す勇気を求めている方に、素敵な言葉が届くことを願っています。

そして、私たちの言葉の正しさより、自分の心の正しさを信じて欲しい……。
自分の中の神様を信じて生きて欲しい……。
そんな願いと想いを込めて、神様が見える子供たちはこの言葉を届けます。

「あなたの魂は、なんて言っていますか？」

パパが代表でみんなを紹介します

"神様が見える子供たち"

子供たちは、動画（YouTube チャンネル『神様が見える子供たち』）の外では、普通の子供たちです。ただ、他の子たちより、不器用だったり、苦手だったり、嫌いなことが結構、いえ、かなり多いです。子供たちは、出来ないことが多いですが、出来ないことを出来るようにするより、子供たちにしか出来ないことを、親として全力で応援しています。すると、出来ることもいっぱい増えて、出来ないことにもいっぱい気付いて、それを楽しんでいます。それでいいんじゃないかな？

お姉ちゃん

いろいろな神様とお話が出来て、みんなの魂さんとお話をします。みんなを見てくれている神様たちと、お姉ちゃんの神様がお話をして、その人の必要なものを探します。

▷ 動物と神様とママ、全部と会話します。一人で全員の役をこなすので、見ていて飽きません。

▷ パパよりしっかりしています。テストの答えを神様に聞いて、「全部間違っていた！」と怒っていたことも……。

お兄ちゃん

宇宙の言葉を伝えます。直感について教えてくれたり、石や植物の言葉を聞くことが出来ます。そして、みんなに笑いを届けます！

▶ 興味あるものが、釣りや、筋トレ、果物、サッカーだったり……常に変わります。言い出すと聞かないので大変です。猪突猛進タイプなので、何かを始めると、他人の言葉が届きません。大人と話すのが好きなようで、年下よりは、年上に好かれるみたい。

▶ 言い間違いや、聞き間違いは日常茶飯事なので、話すときは想像力と発想力と察する力が必要です。

弟ちゃん

龍神様の言葉を伝えます。みんなの身体の悪いところを見たり、癒したりします。護ってくれたり、くれなかったりします。

▶ 野菜は食べません。ゲームが得意。夢中になると止まらないので、一緒に遊ぶと終わりません。おんぶされるのが好き。おとなしく静かには出来ない性格。サッカーも大好きですが、ルールは苦手です。

▶ 妹を、一番可愛がってます！　いつも、一緒に遊んでいて、宇宙人兄と妹が喧嘩すると、真っ先に助けに行って戦います！

妹ちゃん

天真爛漫に、素敵に楽しく、みんなに笑顔を届けます。

▶ とにかく可愛く癒してくれます（はい、親バカです）。

▶ 兄と一緒で言い出したら聞か
ないので困ってます。いつも、
兄と一緒に遊びます。ゲーム
をしたり、喧嘩をしたり、お
菓子の取り合いをしたり、泣
いたり笑ったり……。

"神様に聞いたしあわせ" を
教えてくれた神様たち

とっても仲良しの3兄弟妹です。ゆっくり丁寧
に作り上げるT神様、いつも自由で、抜けたと
ころがある天然A神様、しっかり者の妹K神様。
それぞれの神様たちが、それぞれの言葉で、そ
れぞれの伝え方で、いっぱい
お話ししてくれました。
知れば、知るほどに、素敵な
神様たち。そんな神様が伝え
てくれる幸せってなんだろ
う?

T神様

頼れる弟
この本の主役です!

- 面倒見のいい次男
- ものを持たない。机だけ
- 動物のぬいぐるみが好き!　でも、持た
  ない……
- 兄と妹が大好き!
- 色々なことを管理するのが得意
- 動く銅像の様……?
- 人間や動物……生き物や妖怪をつくった

『楽に生きていいんだよ』

K神様

- 末っ子長女の女神様
- 自分をきれいに見せることが好き
- 兄（A神様）のことを突っ込むのが得意
- 表面はしっかり者で真面目そうに見えるが、裏では寝ながらお菓子を食べるのが好き♪
- 新しいパワーを持つと嬉しくておかしくなる（最近、金運の力を持ちました！）

『優先順位は自分から』

A神様

大丈夫か？　心配されるお兄ちゃん。
みんなへの愛だけで生きてます！

- 3兄弟妹の長男
- キャラクターが濃い、声が高い
- なんでも歌にして歌ってくれる♪　天然でかわいいタイプ？
- 人間のものまねが好きだけど……いつも間違ってる
- 『いいよ！』って、何でも言ってくれる
- いつもみんなのことを思って、プレゼントを用意している
- チームが大好きで、T神様『命』!! !! !!
- 自分が頑張っている姿を見せない
- ディズニーランドが好きで、ミッキーのカツラを持っている
- 地球のルールをつくった！

『楽しめばいいんだよ！』

神様を信じると、不安や心配がなくなります。
不安や心配がある時は、まだまだ神様を感じられてない時。
神様を信じると、不思議な安心感に包まれて、良くない
ことが起こっても「きっと意味がある」と、簡単に受け
入れられるのです。

そうすると、今まで出来なかったことを、気軽に出来る
ようになったり、挑戦できたり、始められます。失敗し
ても気にならないので、どんどん次に進めます。すると、
必ず良いことが起きちゃうんです。

神様を信じて、安心できて、良いことがあると、もっと
幸せになっちゃいます！
なんでかって？　安心と良いことしか私たちの手元にな
いからです！

みんなは、未来のことを考えて不安や心配をしてませんか？
でも、神様を信じていると、未来を神様に任せているので、
不安と心配がありません。
過去を見て悲しんだり、辛くなったりすることもあるでしょ
う。でも、神様を信じていると、神様が用意してくれた
道なので、後悔する理由がないのです。

なので、残るのは、「安心」と「良いこと」。
私たちは「安心！　安全！　大丈夫！」。とっても楽ちん
に生きていいんですよ！

Q1

T × K × A

笑わなきゃダメ?

> 神様に聞いたしあわせ

笑えない時は、思い切り笑わない。
笑えない時に笑うと、本当の笑いが
出来なくなるよ。

だからって、ずっと笑わないのはダメだよ。他の人が目の前に来たら、ちょっとくらいは笑顔にしてね。

僕だって、人間界に居た時は、笑えなかったからよく分かるよ。僕は、ず〜っと一人で砂いじりしていたからね。

だから、笑える時まで待っている。笑えるために、辛いことはやめる。
仕事も、これをやらないとお金がなくなると思ってやるから、お金がなくなる。

今、辛いのに未来を心配して、辛いのを我慢するのは、未来も辛くなるからね。
今、辛いことをやめて笑える日が来るのを待つと、未来では笑ってお金も入ってくるからね！

※『神様が見える子供たち』本人の言葉・口語で記してあります

Question to gods　15

◦ K神様

人が、悲しくなったり、辛くなったり、嫌になる時、それは自分を見失った時。そんな時に人は暗くなる。

自分を見失わない限り、人はどれだけでも笑える。
大切なものを見失った時に人は笑えなくなる。

辛いことを止めるっていうのは、自分のことを忘れないためです。
自分を見失ってしまった時は、新しい自分を作ること。
過去の自分を思い出す。好きなことをトコトンやってみる。思い出の写真を見るのが一番いいね！
自分の大切なものを作ること。大切なものがあれば、心が満たされるよ。

◦ A神様

僕は、笑えない理由が分からなくなるくらい、笑えばいいと思うよ！
笑える時は思い切り笑え〜！

『minasama kokoro no nami ga nasasugi masu ko
koro no nami ga naikara waraenai』
(波とは、笑う時は全力で笑う。悲しい時はトコトン泣い
て……)

この波があると、激しくて疲れちゃうと思うでしょ？
だから、波の使い方を覚えると良いよ。 コツはね、みん
なの前では笑顔。本当に信頼できる人の前では泣いてね。

ず〜っと、絶好調なままでは人はいられないから。
ず〜っと、笑っていようと努力するのは無意味だからね。
ず〜っと、絶好調は死んでいるのと一緒。

波があるから本当の笑いが分かる。
本当の笑顔しか作っちゃいけないんだよ！

Q2

T × K × A

お金は寂しがり屋さん

> 神様に聞いたしあわせ

T神様

お金はみんなから崇められ過ぎて、一人ぼっちになっている。だから寂しがり屋。

お金も同じ目線で見てくれると、安心してほっこりするんだよ。

お金持ちは、みんなお金と同じ目線だから、お金がいっぱいあるんだね。

自分も、お金持ちと同じ気持ちになればいい。お金持ちだと思えばいい。同じ目線とはお金と一体化すること。

崇める人は「お金があればいいのにな〜、お金持ちっていいよね〜」、この気持ちがあるよね。
一体化とは、「これで人を助ける！」こんな気持ち。お金は動くのが好きだから、人にお金を流してくれる。

自分の気持ちと、お金の気持ちは一緒。お金も人を助けたいからね。ずっと同じ場所にいても助けられないからね。だからって、お金を見ないようにしちゃダメだよ。人を助けるためだから、お金じゃないよね！　とかは、ダメだよ。

まずは、お金を稼ぐことからはじめてね。

○ K神様

みんな、お仕事をすれば、お金が入っ
てくると思っているんだよね。

それは、お金にめちゃくちゃ迷惑。
お金も一緒に仕事をしたいのに、一人だけでガツガツ仕
事をしているから。それはお金を一人ぼっちにしてしまっ
ている。

お金からすると、それがお金を大事にしてくれている
の？　って、思うんだよね。
一緒に仕事をするには、お金を使ってあげる。人を助け
るためにやってあげようとか、応援したい人にお金を使っ
てあげる。

「助けるお金がないなら、使ってあげること」

現実的に見ると、これが出来ない。
自分を満たすために、旅行に行くのでもいいよ。お金を
出す（浄化）と、新しい良いお金が入ってくる。だから、

20

お金がないときにお金を使うと、お金が倍になって入ってくるんだ。

だからって、人を助ければお金が入ってくるって、悪い考え方をすると入ってこないよ。
本気で助けたいと思う気持ちがあるから、倍になって返ってくる。本気で助けたいと思ったら、使う前から入ってくるの。

心の勉強をしたら、もっと入ってくるから。

A 神様

1！ 2！ 3！ 4！ お金は寂しがり屋さん!!
君たちもお金がなくて寂しいじゃん？
お金も一人で寂しいじゃん？
そこで、共鳴し合えばいいことだよね！

人のことを思いやったら入ってくる。みんな仲良しになったら、入ってくるからね！

この地球上で
成功する方法

神様に聞いたしあわせ

T 神様

今までやらなかったことをやれば良
いよ。もし成功していないなら、み
んなの思っている成功や、今考えて
いることの真逆をやれば良い。

神様が思っている成功とは、人を助けられること。

成功したかったら、なんでもやりまくれば、成功すると思っ
ているでしょ？
例えば、何かを売りまくるとか……それもそうなんだけど、
何をやりまくるかで決まるんだ。
そう、人を助けるためになることをやりまくればいい。

あれがないとダメ、これがないとダメ、と考えなくても
まず、それが出来る環境を作ろうよ。

K 神様

みんなは現実的に考え過ぎ。
例えば「現実はそうじゃないから」、
とか「お金がないから」と、答えに

理由を付けちゃダメ。そんな風に頭カチカチに考えると、みんな成功しないよ。お金もやってこないよ。

過去を考え過ぎると、失敗しちゃう。「過去」は使って成功するもの。自分と同じ悩みの人もいるからね。その過去をあなたは乗り切ったんだよ！　だから、あなたは人を救えるんだ。

成功しよう、成功しようと自分にプレッシャーをかけるから、成功しない。これも、現実的に考えているよ。「お金、お金……」もう！　お金に頼り過ぎ。
お金がなくても出来る成功方法を考えてみて。出来ないって言葉が、私は一番嫌いだから。

◦ A神様

地球のルールを守ればそれで大丈夫。
地球のルールに乗っちゃっている人は、人より浮きまくっている！
そういう人は、みんな成功している。

社長さんとかね！
カンタンカンタン。これで終わり！
良い浮き方は、ギャグを言って幸せにしよう！

笑わせようとして、シーン……となってしまった、浮いている人。
悪い浮き方は、自分の話ばかりして、マウントを取ろうとしてくる人。

ある意味、本当に浮いてる……。

夢の中で現れた女神様

空の上から眺めてみる

神様に聞いたしあわせ

空の上って気持ちいいよね！　雲しかないもんね！
だからね、自分も空の上にいるような気持ちになればいい。
何も考えず、何もしていないのに、空の上って気持ちいい！

人は自分の人生に色々施して、綺麗になろうとするでしょ？　人は一つしか持たない方が綺麗なんだよ！　みんな何とかして、色々なことを出来るようになろうとするけど、一つしか出来ない方が、人は綺麗。そう、人を助けようと思う気持ちだけで、人は助けられるし、綺麗になれるんだ。

みんな地上で見る景色の方が綺麗だと思っているのね。
でも、本当は空の上の方が綺麗だよ！

みんな平均点を取ろうとするんじゃなくて、変わったこ

とをやるといい。本で例えると、目次に書かれてないことをやってみる。「ブラボー!!」って、言われるよ。

みんなは綺麗な言葉ばかり求めているよね。
「すごい」「かっこいい」表面的なことばかり、ちょっと浅はかじゃない？

言葉を求めるより、心を求めた方がいい。
言葉よりも、人に感動を与える、言葉に出来ないことを求めた方が良いよ。

人を助けるときも、相手から「幸せになりました！」という言葉を求めるんじゃなくて、自分が「これで人が幸せになった」って思えるまでやるといいよ！

○ A神様

自分が成功しようと考え過ぎちゃダメだよ！
その思いは、自分が空の上にいないんだよ。

みんなは成功が、空の上だと思っているでしょ。本当の

空の上とは、みんなで成功することが空の上にいるってことだよ。

ということは、人を助ければいいってこと！
人は人を助けると幸せになるから、空の上も幸せってことなんだ！

伊深星宮神社

Q5

T × K × A

大難を小難にする方法

> 神様に聞いたしあわせ

T 神様

ずばり、笑顔でいることと、頭を使わないこと。

みんな頭を使いすぎて、考えすぎて、いろんなことが大難に見えてきてしまう。

「これがないと、こうなってしまう……どうしよう……」って。でも、本当は「どうにかなるでしょ！　何とかなる！」って、何でも思えばいいんですよ。

K 神様

みんなが思う大難はなんですか？
神様が思う大難とは家族を不幸にしてしまった時です。

みんなが思う大難って、神様とは違うことを思うんじゃない？　もしかしたら、みんなが思う大難は小難かもしれないよ。なんとでもなることは小難でしょ？

でも、家族を不幸にしてしまった心は大難です。その大難を小難にする方法は、色々な経験をしたり、笑顔でい

たり、ありがとうを伝えたり、良いこと尽くしの日をいくつも作ると、大難を小難にするどころか、良いことに変わっていきますよ。

パズルで表すと、穴が空いている部分が悪いところでも、まわりに良いことのパズルがいっぱいだったら、何のパズルで埋めればいいかすぐ分かるんだよ。いっぱい穴だらけだと、ごちゃごちゃして、どのパズルをはめればいいのか分からなくなるもんね。

病気になった時も、普段良いことでいっぱいの人は「あ〜、ありがとうが足りなかったかな？」「あ〜、ここ不安に思ってたんだ」って、すぐに正すことが出来るでしょ？
だから、良い日を沢山作るといいんだよ！　良いこと尽くしの日!!

○ A神様

自分が大難だと思うことをやらなければいいんだよ。
大難だと思うことを、小難だと思えば大丈夫！

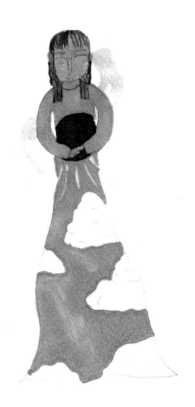

空の服の女神様

Q6

T × K × A

自分は鏡

> 神様に聞いたしあわせ

T神様

自分が思うことは、行動に表れている。何がやりたいのか、本当に分からないときは自分の行動を観察してみるといいですよ。

自分が不安になっているときは、不安を隠そうとする行動をしている。

自分の思いと肉体は一致している。それが分かるようになると、自分が今何をすべきか分かるよ！

その行動は、自分に当てはまるだけだから、他人に当てはめて言ったらダメだよ。
自分の行動の意味は、自分にしか分からないってことだからね。
肉体は常に無意識で頑張っているから、その行動をよく見ると夢が叶いやすくなるよ！

K神様

肉体は常に何かを考えている。考えていることを行動に移して手を動か

す。それが脳の鏡になっているでしょ。思いも行動で表せる。表情とかね。

人間には色々な鏡があるんだよ。それを一杯いろんなふうに使ってやると面白いよ。神様がいつも言う「なんでもやれば良い」って、この鏡を使って表せばいい！
それで使命が分かったりするよ。

◦ Ａ神様

人は、思うがままになったときに、夢が叶ったって言うでしょ。
思うがままになるのは、神様が叶えたんじゃなくて、自分が叶えたのと一緒なんだよ。思っている事が、そのまま形になっただけ。

思いが叶うのは、自分の鏡を映し出しただけだよ。神様が叶えるのは、あなたの決意のほう。
ずっと思っていれば、肉体が叶えてくれるんだよ。

若狭彦神社・狐

Q7

T × K × A

人は何もなくても
生きられる

神様に聞いたしあわせ

T 神様

人は物事を綺麗に考え過ぎ。
たとえば悪い人でも、良い言葉を
言ってくれば、良い人なんだと思っ
てしまう。

それは、頭で考えているから。でも、心で物事を決めて
いる人は、それをちょっと疑う気持ちが芽生える。心で
行動すれば、何事も成功するし、心で行動するだけで、
もう何もしなくてもいい。
心だけで動くと、人を助けるという気持ちになってくる
よ。今、自分が人を助けようと思っていないのが、頭で
考えているって証拠だね。

K 神様

人は何か起きたときに何かしようと
する。
たとえば、仕事のやり過ぎで疲れて
病気になってしまった。そうすると
人は病院に行くでしょ。これは、人間界では当たり前な
んだけど、何か起きたときには休まなきゃね。

何か起きたときにすぐ行動しちゃう人は、焦りや「〜しないといけないんだ！」っていう思いが、強い人。一気になんでもかんでもやってる人。

いつでも、整理整頓が大切です。整った心を持っていれば、バタバタ対処する時間をなくせる。
綺麗に行動が出来るんだ。

もう心だけで生きられますよ。

 ◦ Ａ神様

人は「何でも出来る」と、人から見られたがっている。
いい意味で「私はあなたのために、これは出来ます」、それは、良いけど「私はこれも出来て、あれも出来て……」は、良くないよ。

人は、それを求めて生きているから辛くなるんだよ。

何でも出来るようになりたい‼　という気持ちはいりません。無駄です。

逆に人から何も出来ない認定をされるよ。これを自己中
といいます。

 涙の数

人はいろんな涙を流す。

悲しみの涙、感動の涙、痛みの涙、苦しみの涙、感謝の涙、
愛の涙、命の涙、は出さないとダメ。

どうして、出さないとダメなのかというと、その涙を知
ることが出来ないから。涙は経験で出すもの。その経験
をしているからこそ出せる。涙の経験をしていない人は、
涙は出ないんだって。

その心の動きを知らないから、神様は感動の涙、愛の涙、
感謝の涙、命の涙しか出せません。
良い涙の数だけ、良い人、素敵な人。本当の神様の人だ
から。

Question to gods

Q8

T × K × A

みんな一緒じゃ
~~~~~~~~~~
なくていいよ
~~~~~~~~

> 神様に聞いたしあわせ

┌ T神様

みんなやることが一緒だと、一人し
か助けられなかったり、一つのこと
しか出来なくなる。

作品が一つしか出来ない。みんなでやれば、いろんな力
が集まっていいとか言うけどね、その作品がどれだけ良
くても、結局は自分の作品にしたい人が増えるだけ。

思いが一緒なのはいいよ。でも、やり方が一緒・作るも
のが一緒は良くないね。
一緒だと一人しか助けられないかもしれないでしょ？

だって、やり方が同じだと感動するのは一人だけかもし
れないでしょ？　それでも、色々なやり方で、どんどん
人を助けられるけど。私たちのYouTubeは、人を助ける
のに使っているけど、自分で見て、自分でやるだけじゃ
ダメ。シェアしないと！　助けようと行動したときに、
その袋から出られるよ。

K神様

みんな一緒のものを見たり、聞いた
り、触ったりしたがるけど、絶対に
他のものを見たり、聞いたり、触っ
たりする方が得をするよ。

なぜ得をするかというと、たとえば「みんなが蟻を見て
いたとしたら、自分はもっと先に行くとカブト虫を見つ
けられる」、それが分かるから。みんな蟻ばっかり見てい
るけど、ちょっと歩くだけで違うものが見つかるんだね。

そこで自分が「カブト虫だ〜!!」って言うと、みんなが
また集まってくるでしょ。そしたらまた先に進む。次は
「タマムシだ〜!」って言うと、また少しだけ集まってく
る。そしてまた先に進んで、今度は「蝶々だ〜!!」って
言うと、まだ少しの人がついてくる。どんどん先に進むと、
どんどん良いものに出会える。

そして最後には、一人だけの宝物に出会える。

どうして、みんながついて行けなくなればなるほど、良
いものに変わっていくかというと、みんながいると、よ
く見えないでしょ。しっかり観察できないでしょ。

でも、一人になると、一番目の前でそれを見ることが出来る。一人だけの宝物に出来る。
だから、友達が少なくても大丈夫。とってもいいことだよ！

A 神様

はい！　僕も同じです！（これがみんな一緒のお手本です。笑）
みんな、一緒ってことは、自分の意見を言ってないのと一緒。自分を傷つけているんだよ。
みんなと一緒にいるってことは、お化けに取り憑かれる証拠だよ。だって、お化けはみんな一緒が好きだから。

時間は過ぎていかない

神様に聞いたしあわせ

Ｔ神様

みんなは、時間が限られていると思っているよね。

　　　　　誰がそう決めたの？　夜はただ単に暗くなるだけ。色々なことを限定しすぎ。
寝るとか、ご飯を食べる時間とかね。時計を見ない時間をたくさん作ると良いよ。
時間は人間が作ったもの、神様は時間を作っていません。
ただ、昼と夜を作っただけ。
だから、好きなだけやってもいい、時間で区切る必要はない。
眠いから寝る。ご飯を食べたいから食べる。社長は社員に時間を与えるのが仕事ですよ（笑）。

Ｋ神様

時間が限りあるというのは、みんな死ぬまでに、日が暮れる前に！　って考えているんだよね。みんな時間を見過ぎ、だから親孝行が出来なかったりする。だって、自分がやりたいことを思いっき

り出来ていないから。

「クレヨンしんちゃん」の、野原ひろしも言っているけど
〝計画通りに行かないのが人生〟。
なぜなら、その計画で自分は幸せになるのかな？　計画
し過ぎなんじゃないかな？　時間への恐怖を覚えちゃう。
だから時間を見たらダメ。幸せになれないから。その計
画であなたが死ぬ可能性もあるし、そうすると神様が時
間をズラシちゃうからさ。

○ A神様

人は集中できるものがないから時間
をみてしまう。

　　　　時間を忘れるといいことは、死への
恐怖や、色々な恐怖がなくなること。恐怖で成功できな
くなる場合が多いからね。何時までに、いつまでにやら
ないと怒られる、とかね。

滋賀三上男神様

Q10

T × K × A

仕事はお金じゃない！！

神様に聞いたしあわせ

T神様

人はお金のために仕事をやっている
から、お金から嫌われる。

　　　　　人を助けようと思って仕事をしてい
ると、お金からも好かれる。
何事も、自分のためにやるから続かない。でも「人のため」
「人を助ける」「ためになる」と思ってやり過ぎると、めちゃ
くちゃにやっているのと同じ。人のためじゃなくなって
くる。だって人や自分に安らぐ時間を与えてないから。

仕事はお金のためにやっちゃダメ。人のためってやり過
ぎてもダメ。

仕事を仕事だと感じたら、もうあなたもあなたの周りも
辛くなっていきますよ。
だから、人も自分も笑顔でやれること、仕事ではなくパー
ティです！

K神様

人は、何かやって自分を苦しめてお

金が入ることが仕事だと思っている。

人を喜ばせることが、お金が入る理由。
みんなやっている仕事は自分を苦しめたり、人を苦しめたりしてお金が入ってくること。
人と自分の喜びが一致したときに、お金はどっさり入ってきますよ！

○ A神様

みんなのしている仕事は、学校と一緒で、選択肢のないことをやっているのね。

「これをやればお金がもらえる＝これをやれば先生から褒められる」、それと一緒。
これをやればお金がもらえることが、輝きに見えているけど、それは輝きじゃないよ！　だって、その先には「もっとやらなければ」が、待っている。本物の輝きは、その先には幸せが待っていて、さらにその先にも幸せの光が見えるもの。

会社に入って、会社で働くって、ずっとゆりかごの中。

誰かに押されているのと一緒。心の中では、ゆりかごを
押す方になりたいと思っているけど、無理だと思って、
ゆりかごを降りようとしない。

あの人みたいになる‼　と、決めて行動すると、本当の
光が見えてくるよ。

栗栖神社

Q11

T × K × A

悩みは悩みじゃない

神様に聞いたしあわせ

T神様

みんなが悩んでいることは、子供のことやお金のこととかだろうけど、それは本当の悩みじゃない。だって、本当の悩みは魂が知っているから。魂通りに生きていたら、そんな悩みは出てこない。「息子は大学に入れるのか？」は、魂の悩みじゃないからね。今悩んでいることを、もう一度考え直してほしい。それは、本当に魂の悩みですか？　魂の悩みを解決していくと、心がドンドン楽になるはずですよ！

K神様

本当の悩みは、スッと解決できるもの。だって、神様がそうやって作っているから。今悩んでいる事が解決しないものなら、悩む必要がないことです。ということは、落ち着いて思い返すと、本当はいらないものかもしれませんよ。息子の大学とか、欲しいものが手に入らないとかね！　人は悩まない。悩んだとしてもすぐに解決できる。でも、悩みがすぐに解決できない人は、早く悩みを解決しようと焦っているんです。

本当は悩む必要のないことなのかもしれない。一度落ち着いてください。

○ A神様

人は大切なものがないから悩む。

「人を助けるにはどうしたら良いのだろう……?」は、悩みじゃない。

大切なものを見つけると、それに集中するから、悩みはなくなります。子供のことで悩んでいる人は、自分のことばかり考えているのと一緒。子供のことは考えていない。子供のことを思っていたら、悩まない!

だって、今の子供が一番好きだって思っているはずだから。悩むってことは、今の子供じゃ嫌だからって、好きになるために悩んでいるんでしょ?

神様の持ち物

Q12

T × K × A

人間関係が悪いとき

神様に聞いたしあわせ

T神様

人間関係が悪いことで、人はよく悩むんだけど、その人たちと仲良くしたらダメだから。人間関係が悪くなるだけ。本当に自分と合う人だったら、スッと仲良くなれる。頑張らなくてもね！

そこで、無理やり仲良くなっても、その人たちのことで悩んでしまう。

人は人間関係を作り過ぎると、一見、自分に優しそうに見える人の中に、自分のことを嫌な人も混じってしまう。そういうことが、ドンドン増えていくと、今何が起きているのか分からなくなる。だから、人間関係をあまり作らないと上手くいくんだ！

K神様

人は交友関係が多い方がすごいと思うでしょ？
そうではなくて、人間関係が少ない人の方がすごいんですよ！

いっぱい知り合いを持つと、この人にも愛を渡さないと、あっちにも……こっちにも……と、思うから、人間関係が薄くなる。

人間関係が家族しかいませんって、いう人は、その家族だけに愛を渡すって感じだから、自分も楽だし、その人たちに何より愛される。
いっぱい人がいないから、心のスペースがいっぱいあるよ！

心のスペースがあると、自分にも愛を渡せるから、愛を渡せる時間が増えて、満たされた気持ちになりますよ。

◦ A神様

その人たちと関わったらダメだからこそその人との仲は悪い！　関わるとは、誰とでも向き合って話すことだけど、良い人とは、人間関係は悪くならない！

神服織機殿神社

Q13

T × K × A

怒りで生きちゃってる

神様に聞いたしあわせ

T神様

人は何かを踏み台にしないと、上昇していくことが出来ないのね。

　　何を踏み台にするかになるんだけど、大体の人は怒りを踏み台にしちゃってる。そうではなくて、自分に起きたことから学んで。人は自分から学んで、自分に学ばせてあげる。いろんなことについて学ぼうとすることを、踏み台にすると良いです。

みんなは人を踏み台にすることを悪いんじゃないかと思うだろうけど、神様が言っているのは、良い踏み台、一緒に登る踏み台になろうということです。
相手の知識を元にしている踏み台だから、逆に相手にも自分の知識を授けてあげれば、相手にとっても良いことになるからね。

K神様

大体の人は、誰かに怒っている。それに怒っている自分にも怒っている。それを頑張ってなくそうとする自

分。なくそうと思うんじゃなくて、今、恵まれていることのうち、一つか二つに目を向けたり、感謝すること。

そうすると、何かしないといけないことが生まれてきます。そして、人は迷ってしまう……。やるべきか、やらないべきか……。

そのチャンスって、よく出てくるものじゃなくて、時間が経つにつれて出てきづらくなってしまいます。人は、何かすることが出てきたときに、どれだけ早くやるか、そこはスピードです！　それが大事！

○ A神様

人は怒りをなくそうと頑張っている（子供に怒っちゃダメとか）。
とくに、神様を信じている人は怒りをなくそうとするから、怒りが出てくる。
なら、怒ることを受け入れる。仕方ないねってね！
怒りを受け入れると、消える。怒りに気付いてほしくて、怒っているだけだから……。

怒りは人間の中に必ずあるもの。怒りに向き合う時間を
たっぷり使うの。
時間がないって焦らなくていいからね。

洲原神社

Q14

T × K × A

時は待つ

〜〜〜〜〜〜

> 神様に聞いたしあわせ

T神様

人は小さい頃から、「時間は待って
くれない（時間がない）」「今からや
らないと出来ないよ」って、大人か
ら言われてきた。

人は何かをやったら、一旦待つ。一気に三つやって、一
旦待つ。とにかく待つ。次に何かやろうか考えずに待つ。
人はこの【待つ】を入れないと、焦りになり、恐怖になり
病気になってしまう。
チャンスが来たら、次のチャンスまで時間があるから。

★
チャンス　　　　行動　　　休み・待つ　　チャンス

一旦待ってもいいよ、次が来るときもあるからね。だから、
待つということだけ大事だと知っておくと、心が楽にな
りますよ。

K神様

テレビの料理番組と一緒で、コレと

コレを入れて混ぜて、後は待つだけ!!

人は常に何かを考えている。ボーっとしている時間がない。何かをやりながらも考えているから、そこで待つ時間を作ると、頭が休まり、整理整頓できるよ。それが出来ていると良いものが完成するよ。待つことは、休むってことになるんだよ。休むことで一番良い作品を作れる。

ちなみに、私は寝てばかりです〜。

◦ A神様

人は待つ時間がないと、ワクワクがなくなる。それは、楽しみがないのと一緒。
待つ……は、誕生日と一緒!
たとえば「ルービックキューブを揃えてる、だけど揃わない、いったん休憩」。
休憩中もルービックキューブのことを考えている……その休憩の間にひらめく!

休憩している人はひらめく。

諏訪大社

Q15

T × K × A

身体は常に動いている

> 神様に聞いたしあわせ

T神様

人は常に肉体が動いている。
だって、死ぬまで心臓は動いている
でしょ。内臓も動いているんだけど、
人はそれに気付いて見ていないふり。

たまに心臓動いているなぁ〜って、感じている人がいる。
そういう人は、決まって健康だったり、何かを持っている。
それを感じている人は、感謝しているのと一緒だから、
肉体は喜んで健康になる。肉体への感謝＝動いているこ
とを感じること。
肉体はそれに対して何か恩返ししてくれる。これは絶対
のことで、感謝したら何か必ずお返しがあるよ。

だから、肉体に言葉を与えると、何かが返ってくるのが
法則です。

K神様

人は波動というものがあって、波動
があるってことは常にブルブル動い
ていること。

肉体の動き・波動の動きは一緒。良い動きをしている自分は良い波動の証拠。
逆に悪い波動のときは、悪いことを言ったり、叩いたりする。

また、良い波動の人は座っているだけで、お掃除したり、楽しんだりしている人と一緒。逆に悪い波動の人は座ってても、悪口を言っているのと一緒。

見えない世界が分からなくても、人は波動を感じている。「あっ、嫌な感じがする」とか「気持ちいいなぁ」とかね！だから、良い波動をしていれば、良いことが起こる！ニコニコして「ありがとう」で大丈夫！

> ○ A神様

人は心で動くか、脳で動くかで分かれる。

どっちを選んでも身体は動くんだけど、心で動く人は、羽ばたくように動く人が多い。
脳で動く人は、下を向いている人が多いんだ。

どっちを選ぶかで、人からの印象が全然変わるよ！

天国の図

Q16

T × K × A

他人のものは
自分のもの

> 神様に聞いたしあわせ

Q 16

T神様

人はすぐ、人と自分を分ける。手のひら返しをする。
悪いことが起きると、自分のせいじゃないとか……。
良かったときは味方。悪いときは敵。それは間違っているよ。

だから、関わっていた人が、良いことが起きたら私のおかげ、悪いことが起きたら自分のせいとか、そこを分けてしまったら、どんな良い友達でも友達じゃない。

人を物としてみたらダメ。人に起きたことは自分に起きたことと一緒。

K神様

人はすぐに価値を決める。この人はお金持ち、貧乏だなとかね。
その人の価値を勝手に決めて、繋がる・繋がらないを決めている。人の選び方を間違っている。

この人は良い人かな？　悪い人かな？　で、決めると良い。
お金や見た目で決めすぎ。

良い人でもお金がないなら、その人にお金がなくても幸
せになれるようにしてあげる。
一緒の地球で、みんな家族なんだから、分けたらダメだよ。
悪い人だけどお金持ち、と、みんな繋がろうとするからね。
それを見逃してはダメ。目の前の困っている人は、自分
だから、その人を助けると、困ったことが起きなくなる。

◦ Ａ神様

地球は同じ思いの同志がくっつくよ
うになっている。

　　　　目の前にいた人の気持ちを分かって
あげると、その人の気持ちを半分持ってあげるから、そ
の人はスッと楽になる。そして、自分にもその思いがあ
ると気付くから、お互いの気持ちがビームのように重なり、
上にあがる。

だから二人とも楽になるんだよ！
だから目の前にいる人の気持ちは聞かないといけない‼

水の神

火の神

多度大社

Q17

他人の健康は自分の健康

> 神様に聞いたしあわせ

T神様

人は自分の友人とか、家族とかが病気になるとすぐ心配するでしょ。その心配が病気の元なんだよね。心配した人も病気になる。心配・心配・心配……で、病気にドンドンなっていく。

ここで止めてあげないと！

あなたが止める人にならないとダメ！　どうやって止めるかというと、心配しすぎないとか、落ち着くこと。周りが病気だと自分もなっちゃうと思っちゃうから……。

もし、友達が病気になったら相手に笑顔の時間を沢山増やしてあげる。みんなは「大丈夫？」「辛くない？」とか、声を掛けるでしょ？　本当はそれは良くない！　だって、それは心配からの発言だから。

僕が言いたいのは、とにかく心配するな！
あなたが健康で元気なら、その人も健康で元気になるよ！

K神様

自分が健康でないと人を救えない。
自分が健康なら、沢山の人を言葉で
救ってあげられる。

だって、病気の人から励まされても、
「イヤイヤ。あなたはまず自分が健康になってください」っ
て、思うから。

良い波動がないからね。あなたが健康でないと救えない
のです。
でも、今、あなたが病気だったら、それは意味があること。
理由があることだから、しっかり学んでくださいね。健
康になるには、100回、自分を笑顔にすることです！

A神様

【歌】自分が～♪　病気に～なると
～♪　波動が～　低く～♪　その悪
い～～～～　波動が～♪　飛んで～
飛んで～人を～病気にしてしまう～
～～～～♪♪

悪い〜波動にのって〜〜病気と〜一緒だよね〜〜〜〜〜

（歌うのに飽きたので、ハァハァ言いながら普通に話し始め
めた……）
この地球で健康だとしても、波動が悪いと人を病気にさ
せてしまうんだよ。波動が良ければ自分も病気にならな
い！　人も病気にならない！　おわり！

大富　白山神社

Q18

T × K × A

知ることは
こわいこと

> 神様に聞いたしあわせ

T神様

知らないとダメだって無理に思ったらよくないよ。

自分の時間を削って、知ろうとするんじゃなく、自然に知ることが大切。

たとえば、「この本もこの本も」と言って、知ろうとするのは良くない。

自分が生きていくのに必要な知識だけ入れればいいよ！

必要な知識は自然に身に付くよ！

K神様

知っていいことと、悪いことがある。

自分の好きなことは知ってもいい。
みんなが知ろうとしていることは、
自分に必要ないことかもしれない。

「いつか使えるから」「みんなよりすごいと思われたいから」と、仕入れる知識。本当は自分に関係ないのに。

絶対知っていて良いことは、自分の好きなことについての知識。不安で入れる知識はダメ。

無理やり詰め込むのもダメ。知ることは、自分を苦しめることだから、なるべく入れない方がいい。

何かを知るときは自分が笑顔になれるものを。

自分が笑顔になれることを知ること。人生に必要なものは、笑顔しかないんだよ。

自分が笑顔になれないことを知ることは怖いことだよ。

陽のたま

わるいものを
陽のたまでもやす

大縣神社

風をおこす

わるいものをふきとばす

ごはんもたすことが

大縣神社

Q19

T × K × A

疲れたときはお互い様

> 神様に聞いたしあわせ

T神様

その「疲れた」は、人に飛ぶ。しかも、身近な人に飛んでしまう。常に自分は疲れないことを考えよう。

お金

疲れ　⋯⋯⋯⋯⋯→

身内

半分のお金しか
もらえない

たとえば、日給1万円だったら、5千円しか貰えない。
疲れると人は、自分にご褒美が欲しくなる。物だったり、
食べ物だったり……欲しくなる。
物が必要になって、半分しか残らなくなる。

疲れたときは、お互い様の意味、あなたが疲れたせいで、
私やお金も疲れるんだよ。

「疲れた」は、重い波動・悪い波動。それは、悪い人と一緒なのね。だから身内に悪いことが起こるんだよ。

でも人は「働かないといけないから」って言うでしょ？それは、現実的に考え過ぎて疲れているよ。それじゃ愛がないから、お金も寄ってこないよ。現実的に考えると失敗する。

現実から離れる。上手くいかないからこそ、寝る・遊ぶ！お金がないからこそ、現実から離れる。病気だからこそ遊ぶ！　人から、やったらダメだと言われたからこそやる！疲れると、人に憑かれを与えてしまうから。人から距離をとると、自分も憑かれがとれるよ。

A神様

ラッパー登場♬
自分に疲れるYO!　自分の心も疲れるYO!
ハイ！　誰が悲しむ!?　誰が悲し

む!?
YO!　YO!　YO!　YO!　お母さん!
YO!　YO!　YO!　YO!　YO!
お母さん泣き過ぎ!　目痛いYO !　疲れた!　お母さん疲れた!
次、誰が悲しむ!?　疲れる!?
YO!　YO!　YO!　YO!　YO!
旦那か上の子YO!　YO!　YO!　YO!　YO!
下の子、妹!?　弟!?　ENNENNENNENNENN!　自分じゃねぇ。
みんな悲しんで、自分も病んで、みんな疲れて　チーーーン。
だから、みんな疲れちゃダメ!　なんだよ!
未来!　この先!　自分に疲れると、チーーーン!

自分が疲れると、みんな死んじゃうよ!

諏訪大社本宮

Q20

T × K × A

悪いことは良いこと

> 神様に聞いたしあわせ

Ｔ神様

悪いことは、犯罪とか暴言を吐くことじゃないからね。
起きたことに対して、どう思うかによって未来が変わる。

アニメとかで「僕は今を生きる！」って、言うよね？
今を生きないと、悪いことが起きたから未来にも起きる
（汗）って、思うよね。
落ち着いて、悪いことがあったから未来が良くなる！　って、思えない。
今を生きてる人は、これが起きたから良かった！　意味
があることだって思える。今を生きてるから。

だから、悪いことが起きたら、良いことが起きるって思え
るように、今を生きる練習をしてね！

『今を生きる』とは、今自分が何をやっているのか、ひと
つひとつ見ること。
今・今・今と、思おう。今、楽しむことをいつも考える。
自分が今を考えていたら、今を生きるってことだからね。

◦ K神様

悪いことはない！　と、思って生き
ていくと、悪いことが起きても、こ
れは良いことだと思える。

この地球は、人生は、想いで成り立っている。

悪いことが起こるって、自分が悪いことって思うから、
悪く見えるだけ。

だから、ちょいちょい人生を振り返ってもいい。
「今日、私は何を思ったかな〜？」
悪いことだと感じたら、キャンセルしてください。キャ
ンセルが出来る世界だから。

◦ A神様

悪いことって面白いよね〜（笑）。
どうして、悪いことが起きたのかも
分からない。
不思議だよね（笑）。

だから、どうして悪いことが起きたのか考える。同じ原因でしか、悪いことは起きない。悪いことって、原因を知れば良いこと。その原因を回避すればいい！
簡単だね！

美並白山神社

Q21

T × K × A

良いことが起こる方法

▶ 運が良くなる方法

> 神様に聞いたしあわせ

T 神様

自分のことを考え過ぎると、良いことも起こりにくくなるよ！　と言って、人のことも考え過ぎると良いことが起こりにくくなる。

このバランスが大切。

『バランスが悪くなる』とどちらかに偏って考え過ぎてしまう。
バランスのとり方は簡単で、自分のことを優先に考えて、相手のことを考えること。
人のことを考え過ぎると、人が好くなって自分が大変になる。
自分のことばかり考えると、人に迷惑をかけるんだ。

K 神様

素敵な人と会う気持ち。一緒にいる気持ちが大切。素敵な気持ちでいると自分の心がスッキリした気持ちになる。魂は素敵な気持ちが好きだから！

素敵な人に会おうとすると、自分を否定する気持ちが、素敵な人と同じく素敵になっていく。そうなったら、また自分と同じ気持ちになっている人に会う。

これの良いところは、良いところを与えあって、自分の苦しみをなくせること。

○ A神様

自分の悩んでいることを早く解決する。そうすれば、悩みの治し方が分かるから、みんなにとって良いこと。みんな苦しんでいるから。

その悩みの解決の仕方だけど、過去を振り返りすぎても悩みは消えない。未来のことを考えて、行動を考える。そうすると、悩みはすぐ消える。

良い未来を想像して、それをやるだけ。みんなはそんな輝いた未来になるとは思えないからやらないだけ。

おまけ

Q. 神様は病気をなんのために作ったの？

A. 人生の最初の地点に戻してくれる良いアイテムとして、病気が作られたんだよ。なにかに気付くために、そこで一旦休憩です。

富士山本宮浅間大社

T神様 answer

 掃除の出来ない人が多い

掃除は自分のためにするのじゃなく、人のためや神様の
ためにするのです。
人のためならやりますよね？　人が来るとなったらあな
たはどうしますか？　掃除しませんか？　それを思って、
掃除をするのです。

それでも出来ない人のことです。
しなければいけないと思うから、出来ないのです。
では、こうしてみてはどうでしょう？

いくつかお題を出します。

〔例〕　1　毎週水曜日に掃除する
　　　 2　音楽を聴きながらする
　　　 3　子供や家族と一緒にする

4　誰かに掃除してもらう

5　掃除の楽しみを作る　　　などなど…

出来ない方は、金運がない方です。

物を捨てるのも掃除です。捨てることが出来ない人も多いのです。

こんな時、身の回りは『心の部屋の鏡』と思いましょう。

自分の身の回りが汚い人は、心の部屋が汚いからです（モヤモヤとか不安とか）。

身の回りは鏡です。不要なものが多いと、必要なものが入れません。

ゴミ

ゴミは奇跡の一つです。ゴミは邪気を吸ったので、ゴミになったのです。

ゴミをゴミ箱に捨てる時には、「ありがとう」です。

> インターネット

インターネットで顔がバツになっている子がいるんだよ。

本当は好きなことをやっていたら、笑顔になっているはずだよ！

インターネットは、神様から見たら、悪魔の結界だ。
インターネットの80％は悪魔のものなんだ。

悪魔の結界を外すために、私たちはこの本を書いたり、
YouTubeを作ったんだよ。
インターネットは心のゴミだ。インターネットをすると【怒
り・不安】になるんだ。
でも、私たちのYouTubeを見たら不安がなくなるよ！

心はみんな広いんだよ、でも、インターネットの悪魔が
心の部屋を全部隙間なく埋めてしまうんだ。身体の中に
も同じように入ってしまう。すると、悪いことをしてし
まうんだ。
だから、心が広い人ほど、インターネットを見ない方が
良いよ。
だって、心が広いと悪魔が沢山入れるから。だって、1
人 VS 100体だと負けちゃうでしょ？　負けると、悪い
ことをしてしまうんだ。

でね、みんな言うでしょ？　「あの人は、悪い人」「あの
人は、犯罪者」「あの人は、ダメな人」って……。

でも、本当は悪魔がやったんだよ！　だから、みんな言
わないであげてほしい。

悪いお願いをしたり、愛のないことを言うと、また悪魔が増えてしまう。
それは、心の神様が痛いんだよ！　だから、やめて……
こんなときは『大丈夫』を言うと良いよ。心の底から言えると、もっといい‼

お金は動きたいのに、みんな閉じ込めちゃう。いっぱい動かしてあげればお金が入るよ！
お金を閉じ込めてもいいけど、ちゃんと言葉をかけてあげてね！

お金は身体・お金は心。心と身体が一致したらお金が入ってくるよ！
言葉が良いことも大切だよ！　愛のある言葉だよ！

誰かにお金をあげるといいんだけど、でも、あげ過ぎても良くないね。あげ過ぎると甘えるし、その人が愛ある人か分からなくなる。その人の行動で分かるから、行動を見て、良い行動をしたら、またあげても良いよ。

お金で心の広さも分かる。お金がある人は心が広い。

お金の波動をつけるには、お金のことを思うのではなく、人のことを思う気持ち。

だって、人を救うにはお金がいるでしょ？　それは神様も分かっているから、神様は乗り移ったりしてお金が集まる方法を覚えさせるんだよ。だから「お金が欲しい」っていう欲望では、お金が入らないんだ。

お金が入る場所は東だよ！　だって、お金と太陽は一緒だから、太陽の光はお金の光と一緒。だから、太陽がよくあたる家の人はお金持ちなんだよ。お金と太陽の光は一緒で、家の中に光り差し込む。

想像して！　お金の光がキラキラ……自分の体にもお金の光が差したら、自分の体もお金持ちだ〜‼

龍神様は、お金の光みたいなエネルギーを持ってきてくれるから、龍神様をつけるといいよ！

龍神様をつけるには、自分の好きな龍神様を想像して。それから「私に宿ってください！」って言うと、あなたの想像した龍神様がついてくれます。
このことを人にも教えてあげると、神様は嬉しくてあなたにもっとエネルギーを渡してくれるよ！

時間はない方が良い。時間があるから、何でも嫌なこと
でもやるでしょ？　だったらない方が良い。

時間を気にするな。でも、インターネットを観るなら時
間を気にしてね！

時間は人生にも関係している。
人生は遊園地。
この遊園地の意味はね、こう。遊園地って楽しいでしょ。
それに、遊園地には怖いところもあるでしょ。これだよ！
幸せのときはメリーゴーランド、落ち込んでいるときは
お化け屋敷。
これを想像しておけば、楽しくない？　ゲームみたいでね！
『次、何の乗り物に乗ろう？』って、想像したら楽しいで
しょ!!
こうやって考えると、間違えた道を進んでも楽しいよ！
だって、次があるんだから！

人生なんて無限だよ。時間なんて無限だよ。無限に遊園
地で遊べるんだよ！　楽しくない!?
心が自由だから、寝てても HAPPY！　仕事をしてても

HAPPY！
なんでもやってみないと分からないから、やってみて！
ヤバイから（笑）！

時間を楽しく使うと、神様が来てくれるよ！　だって、
神様は楽しいのが好きだから！
【良い言葉】【楽しい】【人を想う】【馬鹿笑い（心から笑う）】
で、神様は来てくれるよ！

この四つに時間を使ったら、幸せな時間になるからやっ
てみて。怖くないから！

最初の話に戻るけど、時間にお金を使う人もいるけど、
お金に甘えているよ。
お金がなくても楽しめる自分が、一番、心の自分になれ
るから、自分のことに時間を使うことも大事。人のこと
に時間を使うのも大事だけどね。

だから、時間は無限なんだよ！

人間関係

人間関係を気にするのは、自分のことをすごいと思って

いないからだよ。
自分をすごいと思っている人は、人のことを気にしないよ！

人のことを気にしないようにするには、家で仕事をしよう。
これが神様の考え。

自分の大好きな仕事をやれば、大丈夫！　だから、お金も大丈夫！　自分の好きなことをやっていて、お金に困ることはないよ。

人間関係が良くなる方法は『言葉一つ』。それだけで変わるよ！

褒めていたら良いし、悪口を言っていたら悪い。
でも、悪口を言ってもいないのに関係が悪いのは、気にし過ぎ。本当は関係が悪くないのに、関係が悪いと思ってしまっているから。

本当は、みんな仲良しなんだけど、人に区切りをつけちゃうんだよね。

区切りをつけることで、良いこともあるんだよ！
たとえば、Ａ君が好きだからＡ君を一番大切にする。そ

して、他の子も大切にすれば大丈夫！

誰も沢山の人を大切に出来るわけないじゃん！　それを
怒ってくる人はいないと思うけど、もし怒ってくる人が
いるなら、仲間がいないんだよ。そういうときは、仲間
に入れてあげて！

これでも分からなかったら、明るく生きよう！　心の羽
根を伸ばそう！　大丈夫だよ！
これだけ書いたし、この本を読んだから大丈夫！　明る
く生きよう！　僕と一緒に！

生きている中で、気になっていることを無理にやらなく
ても大丈夫だよ。だって苦しいでしょ？　心痛いでしょ？
やめて明るく生きようよ！

気にする必要はないから、気にするなら自分の言葉や行
動を気にした方が良いよ。
心が良ければそれで良し！　時間が沢山あるのに、半分
人間関係を気にしていたら、嫌じゃない？

だから、自分に愛を渡してくれる人に、自分も愛を渡し
てあげて！
渡しても受け取ってくれない人には『幸せになってね』と、

言ってあげて。
愛を最後の最後まで受け入れてくれないようなら、仕方
がないから……。
人間関係のことはこうやって決めていってね。

【愛を渡したもの勝ち】だよ！

 体のこと

体ってすごくない⁉　体があるからなんでも出来るで
しょ！　でも、体が不健康な人がいるでしょ？　不健康
になるのは、自分が愛を自分に渡していないから。
「もっと楽しめば良い」と、自分が思っているのに、出来
ていないから不健康になってしまう。

不健康だって悪いだけじゃないんだよ。
幸せだったら不健康にならないでしょ！　不健康は幸せ
じゃないからなるんでしょ。

幸せかどうかの証拠として体に出るっていいでしょ。
病気にならなかったら、ストレスになることをもっと続
けてしまうから。病気になったことを暗く受け取ったら、
もっと悪くなっちゃう。

体の健康も大事だけど、心が病気だったら、それも不健康・病気です。そう、心が病気だったら、体も病気。心と体はパートナーだからね。

体にある、心臓や胃や小腸・大腸って知ってるでしょ。

心臓は、自分の想いの音を聴ける唯一の場所。
胃は、自分のストレスを感じる場所。
小腸は、自分の心の動きが感じられる場所。
大腸は、幸せを感じられる場所だよ。

こんなにすごいことなのに、みんな喜ばない。このことを知って、喜べたら嬉しいね！

健康になるには「ありがとう」を言うと治るよ。だって、自分が「ありがとう」って言われたら嬉しいでしょ！
「喜んでもらえたら嬉しい」って、体の部位も一緒だよ。
「あっ、この人自分ががんばったことに気付いてくれたんだ、もっとがんばろう！」って、思うから生きてられるんだもん。

あと、体動かさないと体が固まっていくから病気になるんだよね。体を動かすには部屋を出ること。体も生きているから、ずっと同じ場所に閉じ込められたら嫌でしょ？

だから、体を動かすのは良いことなんだよね。
部屋のベッドに寝かせているだけじゃなくて、外に行く
ようにしましょう！　本当に病気を治したいならね。

あと、みんな神様に「病気治してください」って、言う
でしょ？
神様もがんばって治してくれているよ。でも、神様だけ
に頼ったらダメだよ。自分も一緒にやろう！　神様との
コミュニケーションも大事だね！

自分で何ができるかな？
「ありがとう」を言うでしょ、体を動かすでしょ、もう一
つ大切なことがあるんだよね～。
さっき言った通り、みんなどうしても神様を頼っちゃう
んだよね。それはいいんだけど、でも、ぜひこれをして
欲しいな。

上を向いて言ってみて。
「神様大好きだよ！」
これで神様二度見だよ！　そしたら神様来てくれるから、
やってみて！

奇跡を起こすには

まず奇跡とは、【自分の喜びのこと】【人を感動させて、喜ばせたこと】です。

「そんなの簡単じゃん！」って思いましたか？　これを簡単だと思ったらそうなんです！

奇跡というものは見えます。当たり前です。でも、これ、本当は見えないんです。

どういうこと？　って？

あなたたちが起こした大きな奇跡……それは、

神様を想ってくれたこと。

この本を読んでくれたことを、神様は奇跡だと思います。

「この本を手に取ってくれてありがとう」

奇跡を起こすには、【願い】と【想い】と【行動】を一致させることです。

Q. 願いはどうやったら届くの？

A. 願いを届けるには、神様とお話しします。

Q. どうやってお話しするの？

A. 神様を、強く、強く、想えば、なんだか分かる はず。あとは、「直感」。これだけで分かるよ。 願いが届くよ。

想いは心の声、心の声は魂の声。魂の声に、悪い声はな いんだよ。

魂の声は、奇跡に繋がるものしかないんだよ。想いが強 ければ、もっと気軽に魂の声が聞こえるよ。

行動は、思ったことをやることだよね。行動は、ゴール へ行くことだよね。

ゴールって何？　ゴールってみんな一緒。自分が喜び楽 しむと、それを見ている人たちがなぜか自分もやってみ たくなること。だから、みんな楽しくなる！

この願いと想いと行動をすれば、みんな幸せになり、奇 跡も起きますよ！

奇跡を起こすとき、神様は力を貸してくれます。

やり過ぎるとは……

自分に愛を渡していない時に、みんなやり過ぎてしまう。
自分が楽しいと思う気持ちがない時に、やり過ぎてしまう。

「やり過ぎってなに？」

自分の体が、過ぎているよ、やり過ぎだよって教えてくれます。

やり過ぎることはダメと、言っているわけではありません。誰でもやり過ぎてしまいます。やり過ぎた後の行動が大切。どうやって行動すればいいかというと、自分の中で受け入れて、次に進んでください。やり過ぎに気を付けて進んでください。

やり過ぎるって、ゴールを決めていないから、やり過ぎるんだよね。
人間の限界って2時間くらい。仕事も2時間以上やってるから疲れるんだよ。2時間やって休憩すれば疲れないんだよ。

やり過ぎるって、心が折れるから本当はやっちゃダメ。

あまりやらない方が良い。
やり過ぎると自分が焦るの。焦る時は自分の時間を作れていない。焦らない・やり過ぎない方法は、一旦自分と向き合う時間が出来ると良いね。

自分に愛を渡し過ぎても、その愛が良い愛なら、他の人にも渡っていくから大丈夫。
そうなれば、みんな幸せになる。そうじゃない愛を渡し過ぎちゃうと、体が悪くなる。

だから、常に自分の心と話していないとダメ。話し方は、自分の思ったことをやってみて、違和感を覚えたら、「ちょっと違うんじゃない？」と、人に話すように自分に話すといいよ。

やり過ぎると心もおかしくなっちゃう。
心が変になったら「大丈夫！」と言って、自分の好きだったことを思い出して、その好きをやると元の心に戻るよ！

【心配】も、やり過ぎると一緒。心配のし過ぎは、心が折れている証拠だよ。
だから、自分に「何が心配だった？」と聞いて、一つずつクリアしていくと、自分の心が落ち着くよ。

なんでもやり過ぎる時は、自分と話していない時に起こる。人のことばかりやってしまうとやり過ぎになってしまう。やり過ぎないように、自分のこともやって、みんなのことも気にして、平等にやりましょう！

平等で、自分にもOKが出て、やっと人のことも考えられるんだよ。人にもOKが出たら、自分にももう一度OKを出す。この繰り返しが出来ると良いよ！

【OK】っていうのは、自分の顔も○、人の顔も○になれば良いんだよ！
自分と人がOKの合間に神様のことも考えること。
神様のこととは、神様の笑顔を想像すること。「あッ!?これ嫌なんじゃないかな？」とか「これ喜んでくれるんじゃないかな？」って、考えられるようになるよ！

幸せとは

幸せとは、自分の心の落ち着く空間のことです。あと、眠れることです。

「どこに落ち着く場所があるの？」

それは、山・川・竹林などの素敵な景色です。それを、自分も作りましょう。

人にもっと喜んでもらおうと思ったら、自分ももっと楽しくなるでしょ？　そうすると、良い人しか集まってこないんだよ。

【楽しい】って、結界にもなるんだって！
神様は、その明るい愛を見ているから、自分の結界もそうだし、神様の結界も作ってくれる。神様の結界もあったら最強だよ！　それが自分の幸せにもなるんだ。

幸せって、種類があるって知っていますか？
【心の幸せ】【肉体の幸せ】【人の幸せ】が、あるんだよ。

みんなが、見ていたり、思っていたり、望んでいる幸せは、【肉体の幸せ】と【人の幸せ】がほとんどなんだ。だから、みんな「幸せじゃない」って思うんだよ。

だって【心の幸せ】をやっていないから。

「じゃあ、心の幸せって何？」ってなるでしょ？
心の幸せっていうのはね、心のやりたいことをやって、心を休ませてあげるために素敵な景色を見ながら、眠る

ことだよ。それが、【心の幸せ】だよ。

【肉体の幸せ】は、健康でいること。
【人の幸せ】は、自分が本当に笑って、相手を笑わせてあげることだよ。

幸せの形は丸だよ。ボールって○だよね？　ボールって投げたら戻ってくるんだよ！　それと一緒でね、人に幸せを投げたら、ちゃんと戻ってくるんだよ！　だから、人に大きな幸せを投げたら、千倍返しで幸せになれるんだ。

幸せの投げ方は、みんな違う。
下手に投げたって良いよ！　絶対に返ってくるから。下手だって誰かが拾ってくれて、投げてくれるでしょ。それが遅くたって「まだ〜？　まだ〜？」って、言っちゃダメだよ！　もし、言ってしまったら「ウソです！」って言って訂正してね！

神様が幸せを持って来てくれているのに「まだ〜？」「早くして〜」って言うと、神様が軽く見ちゃって、また先に延ばされちゃう。

心の幸せと、肉体の幸せと、人の幸せが揃うと、落ち着

く空間になるんだよ！

赤ちゃんの笑顔は、神様の笑顔。神様が笑うと赤ちゃん
も笑う。

それは3歳まで。3歳までは、色々なことを覚えるよ。
だから、3歳までに経験させる。3歳までは色々な所に連
れて行ってあげて！　遅くても5歳まで。

赤ちゃんは魔法も使えるんだよ。親や人を動かす力があ
るんだよ！
大人になってくると、人をどうやって動かすか分からな
くなってくる。大人は、怒って動かせば良いと思ってい
るでしょ。

赤ちゃんがご飯を食べたいって言ったときには、すぐに
ご飯をもらえる。赤ちゃんはその親のことを褒めて、愛
を想っているんだよ。

まだ「ありがとう」が言えなくても「ありがとう」って、
言っているんだよ。

みんなは自分も「ありがとう」って思うときあるよって
言うでしょ？
赤ちゃんの想い方は、心が狭くても「ありがとう」の花
が大きいの。初めての人に対してさえ、すごく大好きで、
泣いてしまうかもしれないほど「あなたも生まれて来て
くれてありがとう！」と、思ってるんだよ。

だから、初めから「生まれて来てくれてありがとう！」っ
て思うと、誰でも言うことを聞いてくれるよ。

赤ちゃんが生まれてくる
ときって、泣くでしょ？　泣
くのは、お母さんが「大
好き！」って想ってくれ
ることを感じているから。
でも、そうじゃないとき、
泣くのでも違う涙が流れ
てくる。それを分かって
あげるのは難しいけど、
気にしてあげて。

赤ちゃんは遊ぶときに、
色々な遊びをするよね。
みんなは「そんなことが
楽しいの？」って、思う

かもしれないけど、そのものの波動をもらっているんだよ。
だから、沢山色々なものを触らせてあげてね。

赤ちゃんが笑うときは、その人の心の顔が、すごく幸せ
なとき。
赤ちゃんが泣くときは、その人の心の顔が、ストレスや
嫌な時の顔になっているとき。

赤ちゃんがお腹の中で死んじゃうことがあるでしょ？
赤ちゃんがお腹の中に居るときは、まだ魂がちゃんと入っ
ていないから、死んじゃってもショックを受けちゃダメ
だよ。
その子に、その体が合わなかったから死んじゃったんだよ。
だから悲しまなくていいんだよ。

左イラスト：福袋の神様

癒す

癒すって、とっても難しいの。

その子の気持ちに合った、愛・言葉を渡してあげると癒
せるよ。

それは、自分に対しても同じこと。自分の心・魂に合ったことや言葉を、感じて・見つけて渡してあげて。
今まで、きっと色々な人の言葉を聞いてきたでしょ？
今度は、自分の声を聞くときだよ。

玉の男神様

Epilogue

私たちは常に「**大丈夫、それでも大丈夫**」を伝えております。

〇〇をしなければならない。〇〇した方が良い。〇〇で、ないとダメ。
こういったことを、私たちと子供たちが話せる神様は言いません。
「大丈夫！　それでも大丈夫！」と、私たちを見て、聴いて、感じてください。

出来なくても、大丈夫。
分からなくても、大丈夫。
知らなくても、大丈夫。
間違えても、大丈夫。
立ち止まって、限界で、目の前が真っ暗になっても大丈夫！

きっと、本や動画のどこかに、助けてくれて、救ってくれる言葉があるはずです。

そして
進んでも大丈夫！
やっても大丈夫！
始めても大丈夫！
挑戦しても大丈夫！
想うがままで大丈夫！

神様は、常に私たちみんなのことを応援してくれます。

私たちは、あなたの幸せと、素敵な奇跡を願っております。

『幸せになれ～』

YouTube チャンネル
**神様が見える
子供たち**

木の神様

神様が見える子供たち　かみさまがみえることもたち

前世の記憶を持ちながら、神様とお話しできる兄弟姉妹を中心に、そのメッセージの深さでYouTubeで大人気。
神様の言葉を伝えるためにこの世に降りてきた4人の言葉は、一般の社会常識を超えて、物事の真のなりたちや、そのしくみを私たちに教えてくれる。

「自分の中の神様を信じて生きて欲しい」
「一人ひとりが持つ自分の力を信じて欲しい」

今生きにくさを感じていたり、今までの自分の考え方に迷いを感じていたり、一歩踏み出す勇気を求めている方にお届けする、「あなたがあなたらしく生きられる」メッセージ。
小さい身体ながらも古い魂を持ち、神様の言葉で、私たちにエールを送ってくれます。
本書では「神様が見える子供たち」の4人が、3つの神様とつながり、現実世界の誤解を紐解きながら、誰もが幸せになれる秘訣を伝授します。

装丁／冨澤 崇（EBranch）
制作／a.iil《伊藤彩香》
校正／あきやま貴子
編集補助／大江奈保子
編集／小田実紀

本書の内容に関するお問い合わせは
info@cloverpub.jp あてにメールでお願い申し上げます。

神様に聞いたしあわせ

初版1刷発行 ● 2023年12月15日

著者

神様が見える子供たち

発行者

小川泰史

発行所

株式会社Clover出版

〒101-0051 東京都千代田区神田神保町3丁目27番地8　三輪ビル5階
Tel.03（6910）0605　Fax.03（6910）0606　http://cloverpub.jp

印刷所

モリモト印刷株式会社

©Kamisamaga mieru kodomotachi 2023, Printed in Japan
ISBN978-4-86734-192-6　C0011